U0007756

New
window 新視野227

已經在家了，
但還是好想回家

真羨慕蝸牛，因為牠的家好近

집에 있는데도 집에 가고 싶어:
달팽이는 좋겠다 집이 가까워서

權螺濱（권라빈）　文
金希定（정오）　圖
翟云禾　譯

序文

　　我是個收集拼圖片的人，每塊拼圖片的大小、形狀、色彩都不盡相同。但收集太多瑣碎的拼圖片，就會不小心弄丟或是撿到不屬於自己的拼圖片。有些拼圖片雖然是從遙遠的另一方來的，卻和我的身心非常吻合。有些拼圖片有香味，有些拼圖片則是帶著歡笑與淚水。

　　我稱這些拼圖片為記憶。這些拼圖片集合成每個瞬間，而每個瞬間都有可能變成永恆。我希望這些被放置過久卻帶著香氣的拼圖片，可以讓你們找回消逝的記憶、回想起漸漸被淡忘的記憶，或是拼湊出自己沒有經歷過的記憶。

目錄

序文　　　　　　　　　　　　　　　　　　　　　　*003*

Chapter 1　　我的幸福比什麼都可貴

偶爾會想消失　　　　　　　　　　　　　　　*011*
我擺脫憂鬱的方法　　　　　　　　　　　　　*014*
我也能夠盡情享受幸福嗎？　　　　　　　　　*016*
你是我的明天　　　　　　　　　　　　　　　*017*
已經在家了，但還是好想回家　　　　　　　　*020*
如果有很多喜歡的東西就好了　　　　　　　　*023*
緊緊抱著被子還是填滿不了的　　　　　　　　*025*
你沒有資格傷害我　　　　　　　　　　　　　*027*
那不是建議也不是忠告　　　　　　　　　　　*029*
不要和別人比較自己的痛苦　　　　　　　　　*030*
有些話不如不說　　　　　　　　　　　　　　*032*
不能越過的界線　　　　　　　　　　　　　　*035*
我專屬的紓壓方式　　　　　　　　　　　　　*038*
原來不是消失　　　　　　　　　　　　　　　*040*
給逃跑的你　　　　　　　　　　　　　　　　*042*
螺濱的小故事　想念爸爸的時候　　　　　　　*044*

Chapter 2　　給面對疲累人生的你

躺在加大雙人床上滑手機的時間　　　　　　　*049*
願望　　　　　　　　　　　　　　　　　　　*052*

我希望聖誕節不要來 053

我們總是在後悔，差別只在沒這麼後悔或是更加後悔 056

自私的心理 059

不是不正確，只是不一樣而已 060

我早就知道了 061

被偏見遮蔽的真相 064

一句話的分量 065

慢慢來也沒關係 068

只戴一隻耳機的朋友 070

白天比晚上更容易遇到危險的人 073

希望你可以過得更好 075

我幸福的基準 079

不要隨便討厭一個人 081

當你發現自己什麼事都做不了的時候 083

我們是自己的星辰 085

人生的矛盾 088

不被傷害的能力 090

尋找自我的道路 091

遺留之人的思念 093

螺濱的小故事　沒有媽媽的小孩 095

Chapter 3　如果不知道我們分手的原因

殘留的空缺 103

分手訊號 105

因互補而交往，因差異而分手 106

那不是愛 107

你已丟棄，我卻捨不得丟的東西 108

聽著廣播電台 110

最可怕的怒氣是沈默 112

目錄

平凡的小事才是最重要的   *113*

如果不知道我們分手的原因   *115*

從最親密的關係變成最遙遠的關係   *116*

如果還有愛就不可能發生的事   *118*

真實和虛假   *119*

也許我現在還在等你   *121*

單戀   *123*

書信的分量   *126*

離別的時機   *128*

在身邊的時候珍惜一點   *129*

給放棄夢想和愛情的你   *130*

兩人的關係也需要修剪   *131*

相遇和離別的循環   *134*

回憶   *136*

領悟的代價   *137*

繞再遠的路也要送到的心意   *138*

再次期待愛情   *140*

螺濱的小故事　你覺得愛情是什麼？   *143*

Chapter 4 我們注定需要愛情

我對你來說是什麼樣的存在呢？   *149*

我想遇到這樣的人   *152*

深深的心意   *154*

我會一直在你身邊　　　　　　156

就讓我握著　　　　　　　　　158

儘管如此　　　　　　　　　　160

感受到你呼吸的距離　　　　　162

唯一的浪漫　　　　　　　　　163

不可以分手喔　　　　　　　　164

軟軟嫩嫩　　　　　　　　　　166

給總要確認愛情的你　　　　　167

愛情就是這樣　　　　　　　　169

注意用詞　　　　　　　　　　170

你就是奇蹟　　　　　　　　　171

第一次有這種愛意　　　　　　173

想到處炫耀　　　　　　　　　174

特別的約會　　　　　　　　　176

當你叫喚我的時候　　　　　　177

不需要任何話　　　　　　　　178

逃離吧　　　　　　　　　　　180

描繪星星的人　　　　　　　　182

九和十之間　　　　　　　　　185

我們一起熬夜的時光　　　　　187

永恆　　　　　　　　　　　　188

半顆橘子的愛　　　　　　　　189

遇見愛情的瞬間　　　　　　　191

越相愛越相似的原因　　　　　192

相愛是兩個人的事　　　　　　194

給你適合你的愛　　　　　　　196

後記　　　　　　　　　　　　198

Chapter 1

我的幸福
比什麼都可貴

偶爾會想消失

如果將身體泡在浴缸裡，

遮住眼睛和耳朵，並把水塞拔起來的話，

我也可以像水一樣流掉不見嗎？

曾經，我懇切地盼望自己可以就這樣消失。

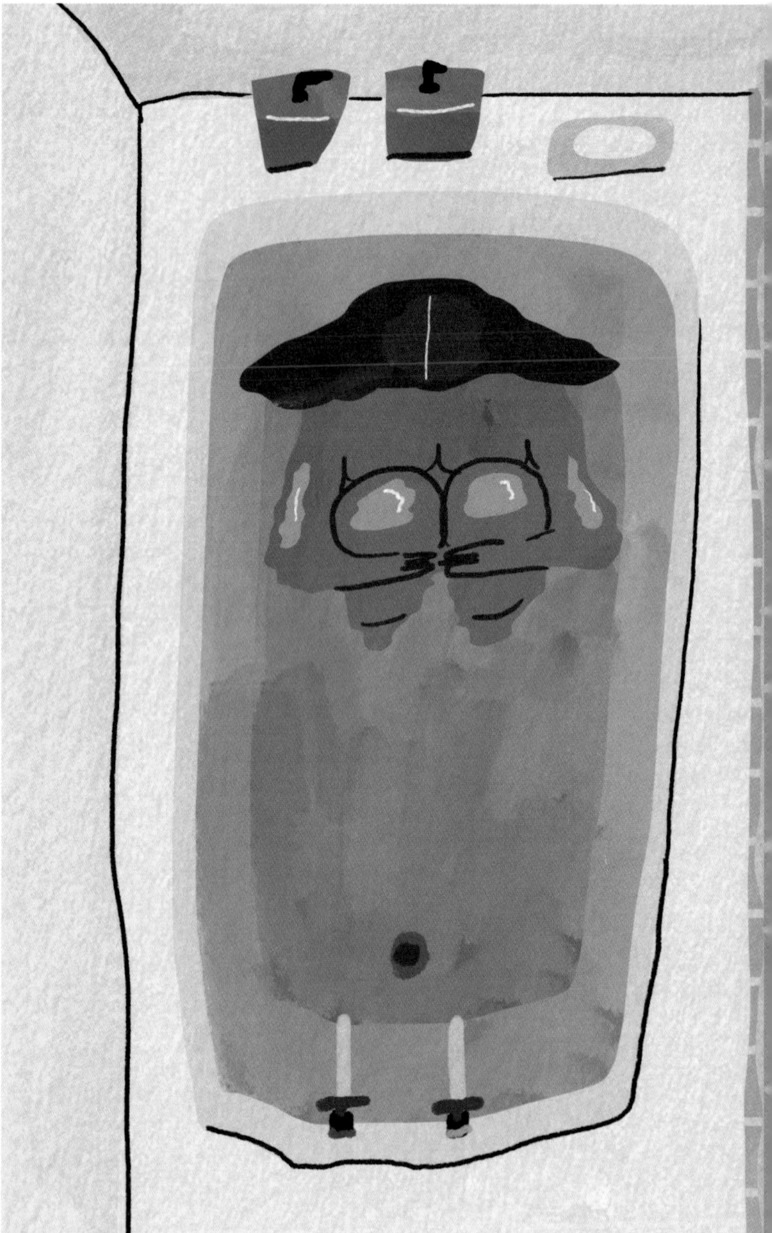

我擺脫憂鬱的方法

　　當我覺得自己開始憂鬱時，為了擺脫憂鬱，我會泡個熱水澡。然後在頭髮還微濕的時候，抱著棉被去自助投幣式洗衣店洗棉被。在等待洗棉被的過程中，我會在洗衣店附近走一走，張開雙臂，讓剛泡完澡的身體去享受大自然的微風。微風吹撫過濕漉漉的頭髮時，我的心情也會變得很愉悅。

　　轉眼間，棉被也烘乾了，我抱著棉被走回家的路上，心情會變得很澎湃。剛烘好的棉被竟是如此地溫暖。回到家裡，我抱著棉被盡情地翻滾，棉被上的熱氣蔓延到我身上，讓我整個人變得懶洋洋的。我的幸福就是如此簡單。陰暗的心情、沉重的身體，以及潮濕的棉被，都在不知不覺中散發著香氣，棉被也烘得鬆鬆軟軟的。我就在這溫暖的氛圍中，進入夢鄉。

心情澎湃，
鬆鬆軟軟，
盡情翻滾，

這就是，
我的小確幸。

我也能夠盡情享受幸福嗎？

太幸福的話心靈會生病。

我一直過著渴望幸福的生活，但我總擔心幸福像雨或雪，還來不及盡情享受，就消失得無影無蹤。

只是想要幸福地過日子，簡簡單單的幸福。

總有一天，希望有這麼一天，我的周圍可以充滿著幸福，等到那時候，可以盡情享受幸福的日子是不是也會降臨到我身邊？

不需要擔心幸福消失的日子。

就只是充滿幸福的日子。

你是我的明天

我曾經養過一隻小狗。我把你捧在手掌心中細心呵護，寒冷的冬天時，深怕獨自在家的你受涼，所以開了地熱才出門上班。那天，是很疲憊的一天。工作上到處碰壁，心無餘力的一天。拖著沉重的腳步和凍僵的身體，帶著滿身寒意進了家門，我剛坐在地上，你馬上奔向我的懷抱。

我緊緊地抱著你，感受著你的溫暖，許久之後，突然驚覺一件事。地板竟然如此冰涼。原來地熱壞了。我不在家的時間，你竟是在這冰冷的環境中度過，而什麼都不知道的我，還帶著外面的寒氣回來。這為什麼讓人這麼鼻酸。不知道是因為今天過得太艱辛，還是因為你太溫暖，又或者是因為你獨自在家受寒，我抱著你情不自禁地哭了好久。

你不光是在原地一直等著我，還給予我溫暖，這對我來說是極大的安慰。你不冷嗎？為什麼像個傻瓜一樣坐在同個位置上等我？面對我的問題，你只是默默在我的懷抱中舔舐我的眼淚。這樣的你，是我的明天。曾經，我是一個憂鬱症嚴重到隨時都有可能尋死的人。那時的你，就是我在這世界上唯一的希望和正面的象徵。是你拯救了我。

已經在家了，但還是好想回家

當一個人身處於新的環境覺得自己格格不入時，或是面臨陌生情況覺得情緒混亂及感到害怕時，會本能地想要回到自己那個溫暖熟悉的家。就像蝸牛為了保護自己而背著殼生活一樣。每個人都需要一個，總是能給自己溫暖擁抱的人或空間。

我第一次開始獨自在外租房，過著職場生活的時候，經常面臨很多新的考驗。那時的我，因為不知道怎麼申請瓦斯而手忙腳亂，工作的事情也常常不太順利。每當遇到這種全新又陌生的情況，腦中都只想放下這一切立刻回家。回到我最熟悉的那個人身邊，回到有他的那個家。那裡才是我真正的家。所以我才會說出「已經在家了，但還是好想回家」這句話。

長大成人、獨自生活後，才領悟到和家人住在同一個屋簷下是一件多麼珍貴的事情。我後來才明白「領父母的零用錢過生活，是最美好的時刻」這句話的真正涵義。當時的自己，只希望趕快成年，能夠隨心所欲地做所有自己想做的事情。

真羨慕蝸牛，

因為牠的家好近。

如果有很多喜歡的東西就好了

昨晚下了冬雨。我喜歡下雨時滴答滴答的聲音，還有雨水落在牆壁及地板，或是打在窗戶上的聲音；我喜歡敲著鍵盤創作文字的聲音；我也喜歡燃燒營火時，木柴燒得劈哩啪啦的聲音。

在我經常落淚的那段時間，一位朋友說過這樣的話：「雨水是為了洗去你的悲傷而下的。」不知道什麼時候開始，下雨的時候，雨滴打在窗戶上的聲音，會讓我的心情變得穩定，讓我不知不覺地進入夢鄉。而我發現，我敲打著鍵盤創作出的文字，能帶給某個人安慰，能激起某個人心中的漣漪，也能夠貼近某個人的心情，因此我才能無限地創作下去。當滴滴答答的聲音出現在耳邊，或是看著燃燒的營火時，我焦躁的情緒就像被燒光似的，心情會變得比較平靜。

如果以後有越來越多這種令人歡喜的聲音或是令人愉悅的事情就好了。讓這個世界上能充滿許多我喜歡的事物。

緊緊抱著被子還是填滿不了的

　　想要自己靜一靜，卻又不想要獨處。當龐大的孤單感席捲而來時，就好像自己躺在一張床上，漂浮於一望無際的大海中。在泛著藍綠色的黎明破曉時分，就算緊緊地抱著棉被，也無法抵擋冰冷冷的寒風。我孤零零地在這裡。這裡只有我一個人。不管誰都好，拜託幫我逃離這個地方。我覺得我就快要沉沒了。在我沉到那個看不見底、永遠回不來的深海前，請來拯救我。拜託，請抓住我的手。讓我逃離這個沒有盡頭的凌晨。

在泛著藍綠色的黎明破曉時分，

我孤零零地在那裡。

你沒有資格傷害我

你拋出的一顆小石頭，讓我好不容易平靜的心情再度激起漣漪。我想要抬頭挺胸地站著，卻總是搖擺不定。被你擊中的地方隱隱作痛。我只想閉上眼睛。好幾個夜晚，我總是睜著雙眼徹夜未眠，讓自己一直徘徊在憂鬱之中。你只是無意識地丟出石頭吧！就算你有表達想法的自由，但也不代表你可以用那些話傷害我。雖然我知道我不可能讓每個人都疼愛自己，但我也沒有必要站在那裡傻傻地被你丟的石頭擊中。你根本沒有資格傷害我。

那不是建議也不是忠告

同理心也屬於一種才能。每當我看到那些隨意評論他人傷痛的人，內心總是會升起一股無名火。為什麼一定要在這種時候說這些話呢？如果這是你自己的事情，你還會說出這樣的話嗎？挖掘他人的傷口時說出的那些話，是不可能成為建議或忠告的。雖然你說你沒有惡意，但是聽的人卻不這麼覺得。每當我遇到這種人，我就只想對他們說一句話。

「你別再亂說話了！」

不要和別人比較自己的痛苦

　　每個人都有各自的包袱，別人無法承受的事情和自己無法承受的事情是不可能一樣的。我的事情才是最讓人痛苦的。對其他人來說輕如鴻毛的事情，對我來說可能重如泰山。所以這些事情當然會讓我覺得痛苦、覺得難過。不要和別人比較自己的痛苦。「這麼小的事你都無法承受嗎？」這種想法只會讓我覺得更痛苦而已。

　　我很害怕敲門的聲音。這對大部分的人來說可能不是什麼了不起的大事，但我只要聽到敲門的聲音，就覺得心臟好像快要停止跳動，變得過度換氣。所以我叫外賣的時候，一定會備註「禁止敲門」，然後在外賣快到的時間先出門等待外送人員。雖然這樣有點麻煩，但遠比我自己聽到敲門的聲音來得好多了，

所以我願意承受這點麻煩。雖然我也會埋怨那些讓我變成這樣的過往經歷，但埋怨依舊無法改變現階段的我，為了敲門聲感到痛苦。

　　所以沒關係，真的沒關係。沒有所謂比較痛苦，或是比較不痛苦。我知道你已經夠煩惱了。我完全能夠理解你的痛苦。

有些話不如不說

罹患躁鬱症的時期，我在情緒波動，突然轉變成憂鬱的時候，都會覺得自己快要窒息了。這時候每一個聆聽我故事的人，反應都是一樣的。

「就只為了這點小事？我經歷過比這個更悲慘的事呢。你要振作起來！你這麼玻璃心是要怎麼生活下去？」

我從來不奢望這些人給我建議或忠告。更不曾奢望這些人安慰我。我只是需要可以和我對話的人。就只是這麼簡單而已。

因此我開始覺得疑惑了。難道一定要有很特別的原因或與眾不同的故事，才有資格悲傷嗎？我的傷痛

一定要符合別人設想的標準嗎？每分每秒都覺得快要窒息的我，到底該怎麼辦呢？

　　要我堅持下去。說我總是把小事情過度放大。這些話只是在我內心的傷口上撒鹽罷了。

＊
「難道一定要有很特別的原因或與眾不同的故事，
才有資格悲傷嗎？」

不能越過的界線

　　我經常覺得很焦慮。有時候覺得自己差不多可以恢復正常了，卻又發現自己還深陷其中。也許事到如今，我根本不應該奢望自己還能走出來吧！我找不到任何一個可以讓自己好好放鬆的地方。因為過去的傷痛以及心理陰影的關係，當我坦承自己的內心世界時，都會擔心我的祕密會像雪球般越滾越大，變成我最大的弱點，這個想法總讓我感到窒息。

　　這不是受害者情結，你傷害我的每個瞬間、你說過的話和做過的行為，這些不曾停留在你記憶中的每件事情，對我來說卻永遠揮之不去。沒錯，你曾經哭著求我原諒你。你跟我說對不起，是你太幼稚，要我原諒你。你還說沒想到我會這麼痛苦，你說你現在真真切切地感到非常後悔，當時不應該說那些話。

所以説，不管吵架吵得多激烈，不能説的話就應該不要説。所以説，不管有多厭惡對方，不能越過的界線就應該好好遵守。

　　你根本不記得你傷害過別人，我又為什麼要獨自帶著這些傷痛艱辛地生活？我是怎麼撐到現在的？事情都過這麼久了，為什麼我就是無法走出來？我的世界為什麼還停留在那個時刻，明明自己一點都不好，卻要努力假裝自己很好呢？

　　不知道是不是因為曾經美好的回憶，還被我珍藏在心中，所以總是無法果斷地揮別過去。但事實上，這根本不是美好的回憶，而是慘痛的過去。你害怕被別人傷害，所以寧願傷害別人，託你的福，我到現在依然每個夜晚都擁抱著苦澀。不論是你，還是我，對某個人來說，我們都是一名無法被遺忘的加害者。

「不知道是不是因為曾經美好的回憶，
　　　　還被我珍藏在心中，
　　所以總是無法果斷地揮別過去。」

我專屬的紓壓方式

我最喜歡的紓壓方式就是，
在下大雨的夏日到學校操場，
丟掉雨傘盡情地淋雨。

光著腳無拘無束地跳舞，直到全身無力，
在操場中央，享受雨滴打落在身上。
雖然撐著傘經過的路人都覺得我像傻瓜，
但那瞬間，我才會感受到自己真實地存在。

在雨中光腳漫步，不用在意衣服有沒有濕，
不用在意他人的視線，不用在意任何事物，
那瞬間，自由的感受，
讓我能夠做真正的自己。

原來不是消失

突然覺得很想哭。
被我隱藏在文字中的那些情緒，
像海嘯般地向我席捲而來。

我擔心它摧毀我這陣子才做好的沙堡，
因此我擋在沙堡前面，也試著挖了一條壕溝。

我熬夜小心翼翼地守護的沙堡，
還是在一瞬間倒塌了。
我就說嘛！果然是海嘯。

大海捲走了所有事物，
卻又假裝什麼事都沒發生過，
它恢復了寧靜。

只剩我孤零零地、呆呆地望著大海，
雖然覺得空虛，但心情卻異常痛快。

它是想告訴我這只是沙子，不需要再留戀了嗎？
就這點東西，我為什麼要緊緊抓著不放。

當所有東西都倒塌以後，我終於了解了。
我打從一開始，
就連一顆小石頭都沒有抓住。

「啊！原來如此呀！」

不如為何，我的心情變得很平靜。
漸漸昏暗的夜晚，帶來了冰涼的氣息。
差不多該走了，我起身打算離開時，
發現手掌心閃耀著光芒。

我哽咽了，在那無法觸及的深處，
有一股心酸感突然升起。
那一瞬間，我真的好想哭。

給逃跑的你

　　我曾經偶然看到別人寫的這句話，「你可以逃避現實，我支持你逃跑」。當我看到這句話的瞬間，我下腹部的丹田彷彿升起了一陣委屈感，並對著自己呼喊，拜託放過自己吧。我果然也是在逃避現實中。雖然有點後悔，但也過得很幸福。人生總是會有許多後悔的事情，我就是為了讓自己不要這麼後悔才選擇逃跑的。我想要好好活著。我必須要活下去。我必須自在的呼吸。就算我未來會為了我曾經丟下的那些東西，後悔地捶胸頓足，我也必須要做選擇。我想要像現在一樣，一直逃跑，直到我變得更堅強，可以掌握自己的人生為止。總有一天我會不再逃跑並面對現實的。所以，你可以逃跑。我們都可以逃跑。逃避現實一點都不可恥。我支持我們逃避現實。等到你差不多可以面對的時候，那時候再回來也沒關係。等你可以放下那些一直被你珍藏的眷念，那時候再回來吧！

等到你差不多

可以面對現實的時候

再回來吧！

想念爸爸的時候 〰〰〰

在我來到世界上的那天，醫生請我爸爸選擇要救產婦還是救小孩。如果不選的話，可能兩個人都會保不住。爸爸説，那是他人生中遇過最艱難的選擇題。雖然最後兩個人都保住了，但我出生後就在保溫箱住了一個星期。爸爸還説，那時候沒有辦法親自抱著剛出生的我，每天十分鐘的探視時間，是他覺得最幸福的時刻。

每當我遇到不順心的事情時，我就會想起爸爸。就算這些沉重的壓力逼得我喘不過氣，我還是會調整好自己的表情和聲音後再進家門。因為我不想讓爸爸為了我操心。但我再怎麼努力控制自己，只要一看到爸爸的臉，我就會忍不住開始掉眼淚。當爸爸問我怎麼了，我也只會回答有灰塵跑進眼睛了，假裝揉一揉

紅通通的眼睛。但是隔天，爸爸總是會買一些我喜歡的食物回來，或是遞個酒杯給我要我陪他喝一杯。因為我了解爸爸疼愛我的心，因此像今天這種非常讓人感到無力的時候，我就會想要回去看爸爸。

在不知道何時會消失的位置上，在一個不掙扎就會沉沒的孤島旁，水不斷地淹上來，讓我快要不能呼吸。今天怎麼這麼想聽到「陪爸爸喝一杯吧！」這句話呢？我並不想過這樣的生活啊，這不是我想要的啊！我就像一個迷失了方向，只好隨波漂浮於茫茫大海中的人，連聲音都被大海吸走，聽不到任何回音，在這寧靜的狀態中，我正緩慢地被蠶食。

我好想念爸爸。

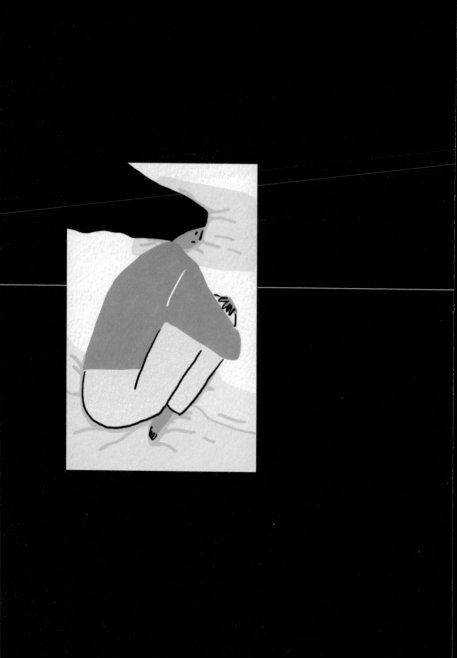

Chapter 2

給面對疲累人生的你

躺在加大雙人床上
滑手機的時間

悠閒往往藏在短暫的縫隙裡。

躺在床上陶醉於幻想中的時間；

與相愛的人在一起的時間；

結束一天的行程享受美食，

另外配上一杯好酒的時間，

都是屬於自己的悠閒時刻。

這短暫的悠閒時刻，

隨著我的心態，

可能很長，也可能很短。

會脫口說出自己沒有悠閒時刻，

是不是因為我固執地認為，

悠閒時刻必須要很長呢？

願望

我真的，非常希望我能幸福。
雖然我也希望身邊的朋友都能幸福，
但我還是希望自己最幸福。

我希望聖誕節不要來

　　有段時間我希望聖誕節永遠不要來。懷著滿腔期待，回應我的卻是一次次的失望，那是當時年紀還小的我所無法承受的。在學校聽到同學們炫耀自己收到了什麼禮物時，我不想騙同學說我也有收到禮物，但也沒辦法跟他們說實話。

　　有一天，我做了一個夢。聖誕樹的樹根纏著許多孩子們的夢想。地面上，聖誕樹的旁邊，有許多嘻嘻哈哈歡笑著慶祝聖誕節的人們。而在地底下，雖然有著無數的夢想及希望，但已經失去期待的孩子們，卻一群一群地倒在樹根旁。每一個閉著眼睛的孩子，臉上都顯露出萬念俱灰的表情，互相纏繞成聖誕樹的樹根。和地面上幸福的世界恰恰相反，地底下的孩子們每年都在增加，卻從來沒有一個人關心過這些孩子

們。人們忙著享受自身的幸福。被忽略的孩子們卻不斷地在增加。年幼的夢想及希望，深埋在地下某處，總是被雪掩沒。

從夢境中醒來後，過去沉重的記憶突然向我席捲而來，我痛苦地喘不過氣，許久後才緩和過來。聖誕節應該是一個特別的一天，大家應該要幸福地度過這一天。應該要期待自己的聖誕禮物，一整天都心情愉悅。但通常那天的幸福都沒有我的份。在那天，沒有收到禮物的孩子們總是顯得格外淒涼。每個人都開開心心的，只有自己被排除在外，過著不幸的一天。

但是那天的幸福
都沒有我的份。

我們總是在後悔，差別只在
沒這麼後悔或是更加後悔

那是我高中時期的事。我17歲的時候，有一個和我同年的同學，因為休學了兩年，所以還在念國中。那時候我不知道那位同學的情況，只聽到他休學了兩年，內心就起了一點偏見，於是我雞婆地給了他一些意見。

「你以後打算靠什麼生活？怎麼說休學就休學了呢？我們都是高中生了，只有你還是國中生。你整整晚了我們兩年耶。你不後悔嗎？你真的好可憐喔，真同情你。」

那位同學聽了我幼稚又包含攻擊性的話語，只是笑笑地這樣回答我：

「我在過去的兩年中做了我想做的事情，也得到父母的認可。就算比別人晚兩年又怎麼樣？我沒有必要非得跟別人過一樣的生活啊！反正人生總是在後悔。差別只在沒這麼後悔或是更加後悔而已。過去的兩年我過得非常充實。我一點都不覺得自己很丟臉。我甚至不後悔自己比別人晚了兩年。」

聽完同學這樣說，我突然為自己莽撞的發言感到羞愧。即使過了很久以後，我都無法忘記這段對話。對於什麼都不懂，只是帶著偏見就亂發表意見的我，那位同學卻還可以如此寬容地包容我。也是因為他的包容，才讓我真正放下了偏見。

還有，我在那位同學身上，第一次聽到「不一定要和別人過一樣的生活」這種想法。反正不管怎麼樣都會後悔，不如選擇一條自己比較不會後悔的路走。這句話徹底改變了我的人生。

我在你身上學到了很多東西。我今天也為了讓自己不要太後悔而努力地過生活。人生不管怎麼選擇都會後悔，差別只在沒這麼後悔或是更加後悔而已。

＊
＊

我沒有必要
非得跟別人
走一樣的路。

自私的心理

　　有時候，突然冒出自私的想法，其實不是真的只為自己著想，而是一種自我防禦機制。有些人不會看事情的前因後果，只會因為我這些當下的反應，而評斷我這個人。他們不會為了理解我，而來了解事情的原委，如果這些人只是和我萍水相逢，我也不需要有任何留戀。會來了解事情原委的人，會考慮我處境的人，面對這些人，我會想保留這份情誼，互相依靠。倘若之後你也遇到類似的情形，我也會站在你的角度，去理解你的心情。

不是不正確，
只是不一樣而已

每個人飲食習慣和睡眠方式都不一樣。
甚至身高、體重、瞳孔顏色也會有些微差異。

我們從不認為這些差異很奇怪，
總能夠欣然地接受這些差別，
因為我們就只是不一樣而已。

如果你想要被尊重，就要先尊重他人。
沒有誰不正確，就只是不一樣而已。

我早就知道了

　　我在上班的時候，公司同事裡有一位打扮俏麗又帶有中性魅力的姐姐。我們年紀相仿，加上住在同一個地區，因此變得很親近。我們下班後常常一起喝一杯，中午也幾乎都一起吃飯，公司姐姐每次吃飯時都會先在餐廳外面講電話後才進餐廳。有一天我忍不住問她：「你在跟誰講電話？男朋友嗎？」「嗯，不是，趕快吃飯吧！」公司姐姐含糊其辭地帶過。

　　之後只要提到公司姐姐的男朋友，她都默默地轉移話題。但公司姐姐的無名指總是帶著戒指，所以我心裡也覺得很奇怪。因為怕被認為自己愛管閒事，所以我也就沒有再提過這件事，不過有一天我突然猜到了。「姐姐不肯說一定是有什麼隱情，會不會她的情人是個女生？如果是這樣的話，她是怕其他人對自

己指指點點才隱瞞的嗎？」當然我只是自己在心裡想想，沒有把這些話說出來。因為硬要詢問別人的私事，感覺非常失禮。即使她的情人是個女生，我也不覺得有什麼大不了。我對性小眾群體沒有任何偏見，因為我認為他們不是不正確，只是不一樣而已。

我曾經看過一部講述酷兒情侶的日常生活，名叫〈丸子想和大家說〉的網路漫畫。其中一集裡，有一段主角對自己的朋友出櫃的場景。主角在經過一番思考後，帶著焦慮的心情向朋友坦承自己是同性戀者，朋友聽完只是很平淡地表示自己曾經有別的朋友也是同性戀者，沒有其他過多情緒反應。主角很感謝那位朋友，他的反應給了自己勇氣，因此他決定和身旁三個朋友坦承自己是同性戀者，如果這三個朋友都能夠接受自己，也許就可以期待這個世界會逐漸被改變。

我也想成為公司姐姐的那三個朋友其中一個。我想告訴他，我絕對不會對你指指點點，也不會用負面的眼光看待你。但是我也決定要默默地等待，直到公司姐姐親口對我說出這件事。

過了一陣子，有一天我和公司姐姐一起喝了個爛醉，這時候她突然開口了：「其實我正在和女生交往。我的另一半是個女的。我擔心大家會用異樣的眼光看我，所以總是小心翼翼，但我覺得如果是跟你說，你應該不會介意。」聽完後我回答她：「其實我早就知道了。我認為總有一天你會告訴我，所以我也沒有特別提起。我們就像現在一樣，繼續常常見面，隨時都可以一起喝一杯。」就這樣，我們的關係還是跟之前一樣。

　　之後姐姐的女朋友為了向我表達謝意，還請我喝咖啡，不知道為什麼，那杯咖啡讓我感到有點悲傷。是我們身處的社會把他們變成這樣的，他們總是要特別感謝能夠接受自己的人，明明是他們理所當然可以享受的權利，他們卻無法享受，我真的覺得好悲傷。

　　雖然不是每個人都和自己一樣，但總是會遇到和自己相似的人。我想告訴他們，這根本沒什麼，我早就知道了。

被偏見遮蔽的真相

　　我們從小就開始接受填鴨式教育，這讓我們在不知不覺中，對許多事物都產生了偏見。我們認為異性之間才是愛情，同性之間只是友情，不容許有其他意見。我們認為眼睛看到的事實比被遮蔽的真相還重要。會不會是因為這樣，大家才會對性的本質感到混亂，進而否定及隱藏自己呢？

　　我對這個現象感到非常惋惜。不是憐憫那些搞不清楚狀況的外人，而是替那些獨自帶著罪惡感生活的人感到很惋惜。我們只是有點不一樣而已。因為這些偏見，使許多人明明身處美好的花田，卻把眼睛閉上、把耳朵關起來。我們就是在這樣的環境下長大的。

一句話的分量

一句話的分量，最終還是會由說話的人來承擔。

不管是好聽的話，還是難聽的話，這句話的後果，不是回到接收這句話的人身上，而是會回到說出這句話的我身上。

慢慢來也沒關係

　　小孩開口說話的平均月齡是18個月到20個月。大部分的家長在那段期間內，如果自己的小孩還不開口說話，就會擔心小孩是不是有什麼問題。只要在搜尋引擎打上「小孩開口說話」幾個字，就會連帶出現「為什麼我的小孩語言發展這麼慢？」等關鍵字。

　　但是生活中哪有什麼平均值呢？就連已經成年的我，在生活中都無法一帆風順，經常會遇到很多意想不到的事情，小孩當然也是一樣。不需要為了太過緩慢而焦急。焦急之下產生的早期教育，在某些層面上也許會讓小孩感到更疲憊。

　　已經長大成人的我們也是每年經歷嶄新的一歲，每天面對嶄新的一天。不需要為了追上大眾所設定的

平均值，而加快自己的腳步。「比較」只是一件摧毀自己的事情而已。現在這樣就很好了。你不是緩慢，你只是很從容，所以沒必要抓緊腳步。我們從站立到走路，就算跌了幾百幾千次跤，都還是會再站起來。所以不論是小孩還是成人，都不需要配合別人的腳步。慢慢來也沒關係。

只戴一隻耳機的朋友

　　一位老朋友有一天突然很正經地跟我說：「我其實是一名一隻耳朵聽不見的身心障礙者。另一隻耳朵的聽力也不太好，所以我平時常常聽不清楚你們說話。但是周遭發出太大的聲音時，我的耳朵跟頭也都會很痛。」還說自己常常戴著一隻耳機就是因為耳朵聽不見的關係。我一直都沒發現這件事，直到現在才知道，原來這個朋友為了讓自己看起來不像身心障礙者做了這麼多努力。

　　我有時候也會想要隱藏自己身體上、心理上或是個性上的缺點。這個朋友知道我因為壓力的關係，有時候會喪失記憶或產生幻聽，也知道我為此看了很久的身心科。就算我們互相知道對方脆弱的一面，我們之間的交情依然沒有改變過。尷尬、做作的關心，

這些事情都不曾發生在我們之中。我們只是互相接受對方跟自己有一些地方不一樣而已。其餘的部分沒有任何改變。我們仍然是朋友，會為了一點小事吵架，但也很快就會和好。因此，朋友突然對我說了「謝謝你」，而我回應了「我也很謝謝你」。

「我們仍然是朋友，

會為了一點小事吵架，但很快就會和好。」

白天比晚上更容易遇到危險的人

　　我平常就很喜歡看網路漫畫。由各式各樣的人用不同觀點所描繪出的故事，讓我可以間接體驗到那些我平常無法接觸的生活。

　　我很喜歡一部叫做〈我是聾子〉的網路漫畫。作者充分地消化了自己親身經歷和親自感受的日常生活，並將它用網路漫畫表達出來，讓非身心障礙者的我，也可以感受到這些我之前無法接觸到的故事。

　　我因此了解到，對於聽力障礙者，白天比晚上更容易遇到危險。白天的時候，走在小巷子裡，後方的來車就算大聲按喇叭，他們也聽不見，但是夜晚時，只要看到刺眼的大燈，他們就知道要避開車子。因此，聽力障礙者為了預防自己沒聽到喇叭聲而發生車

禍，他們通常都會靠著邊邊走路。

　　自從我看了這部網路漫畫以後，開始擔心我的朋友，因此會在他旁邊碎碎念，要他走在巷子裡的時候不要再戴著耳機。朋友也表示，最近的確常常發生類似的情況，他為了不要造成其他人的困擾，有試著找出改善的對策。我聽他說完，突然覺得很感傷，忍不住有點哽咽。

　　人們不能互相多關心對方嗎？不是同情，而是單純的關心。當然，我們無法了解所有人的狀況，但如果每個人都多關心他人，當這些關心累積得越來越多，變成日常生活中理所當然的事情時，我們的社會是不是會變得比較有人情味呢？

希望你可以過得更好

「親愛的作者，您好。因為我實在沒有地方可以宣洩，所以只好寫信給您。我做了終止妊娠的手術。小孩的爸爸和我從小都在單親家庭中長大，我們的身上都還背負著債務。我的身體狀況也不是非常好。在這種情況下，我回想起自己的幼年生活，我完全不想要讓小孩過著跟我小時候一樣的生活。我也是從小就沒有媽媽，因此對於您寫的文字都非常有感觸。

但不管怎麼說，這也不是一個最正確的決定。我心中永遠都帶著沉重的罪惡感。做完手術到現在，我每一天都過得非常痛苦，就連做夢都一直夢到自己失去小孩。經常在半夜的時候哭醒。因為覺得對不起小孩，我寫信給他，也買了衣服和鞋子送給他，但我還是沒有辦法原諒自己。只要在路上看到其他孕婦或是

兩手牽著爸爸媽媽的小孩，我就會忍不住掉眼淚。

　　我從來沒有跟他說過一句話，甚至連他心跳的聲音都沒有聽過，我只要一想到自己什麼事情都沒有為他做過，就剝奪了他降臨在這個世界的權利，我就好恨自己。就算我一直被自己的罪惡感折磨也無所謂，我只想要對我的孩子說，對不起，其實我很愛你。雖然我沒有這個資格，但我絕對不是因為不愛你才做這個決定的，我想要請求你原諒我。我的孩子，你回到天上了嗎？回去的路上有沒有遇到什麼麻煩呢？我眼前總是會浮現孩子的身影，那個沒有做錯任何事，只是因為遇到不爭氣的父母，還來不及看到這個世界就離開的孩子，我真的非常對不起他。

　　這件事已經過了快一年了，我很訝異自己竟然還沒有因此崩潰。我的內心已經徹底潰爛了，但是為了維持生計，我盡量讓自己保有規律的生活。我在這裡發牢騷，是希望自己的心情能夠傳達到我的孩子那裡。」

讀著這篇故事，想著這位喜歡我文字的媽媽，我也不知不覺地一直掉眼淚。連我都這樣了，那你的心情會是如何呢？這位媽媽在自己的傷口上不斷地繼續製造新的傷口。是因為不可抹滅的罪惡感吧！其實這樣的人很多，只是大家都沒有說出來而已。為了無法改變的現狀，以及為了面對疲累人生的你，我點燃了蠟燭，並把你的文字抄寫下來。我希望你可以放下罪惡感，過更好的生活，也希望有一天你會變得幸福。

為了無法改變的現狀，
以及為了面對疲累人生的你。
希望你可以過得更好，
也希望有一天你會變得幸福。

我幸福的基準

我幸福的基準不是取決於別人，

而是取決於自己。

就算別人心裡認為「嗯，就這樣？」

對我來說，那也有可能如宇宙般龐大。

痛苦的基準也是一樣。

幸福的基準、痛苦的基準都是我自己決定。

我不想理會那些眼裡只看得到自己擁有的東西，

並到處和別人比較、貶低他人的人。

「你就是你，

不需要說服別人來接受你。」

——節錄自《梨泰院Class》

不要隨便討厭一個人

人生是因果報應，我說過的話、做過的行為，最終都會回到我身上。不管是好的還是壞的，總有一天它會原封不動，甚至加倍地回到我身上。我活到現在，人生說長不長，說短不短，但也看過非常多這樣的故事，甚至自己也曾經歷過。我現在知道，當你討厭一個人，希望那個人不幸的時候，只會讓自己的心情變得更痛苦，所以我現在不會隨便討厭一個人。

我也曾經極度討厭一個人。那時候我做事情做到一半，或是走在路上，甚至是洗碗的時候，都會從內心突然升起一陣憤怒及埋怨，好幾次我都讓自己的內心崩潰，覺得非常痛苦。討厭一個人的心情，最終只是讓自己感到痛苦悲傷而已，一點都不會覺得幸福。那我寧願忘記這件事，如果沒辦法忘記，每瞬間升起

的憤怒心情，只會不斷地撕裂原本的傷口，讓事件變得更刻苦銘心。我現在才理解，討厭一個人的心情，只會讓自己更受傷而已。

當你發現自己什麼事
都做不了的時候

　　不知道是不是因為事情太多，加上生活習慣不好，從去年九月開始，我的身體出現了一些警訊。腰部和骨盆像是閃到一樣，疼痛不止，連坐著吃飯都覺得很不舒服。就算躺著不動，發麻刺痛的感覺總讓我痛得流眼淚，徹夜不眠。最終我被診斷為腰間盤突出。突出的位置在脊椎第四節和第五節中間，骨盆也移位造成左右腳長短不一。腰間盤突出讓我三個月以來，除了去醫院和廁所之外，都躺在床上度過，我完全沒辦法工作，就連躺著都覺得很痛苦，幾乎每天晚上都在哭。每當我看著鏡子中自己發福的樣貌，我都覺得非常自卑。當我發現這副身體什麼事情都做不了的時候，我的憂鬱症再次發作了。

我太需要有人幫我一起分擔我的痛苦了。因此我找到一個跟我有類似症狀的網路社群。我在那裡聽到了許多人的故事，也重新找回了笑容。我還在思考「那裡會有比我嚴重的人嗎？」的時候，就發現那裡甚至還有些患者，是必須拖著疼痛的身體做事情的替代役。那裡大部分的人都表示自己在服用憂鬱症及失眠症的藥物。他們因為在如此青春年華的時光，卻成為一個什麼都做不了的人，而變得很沒有活力，整個人被憂鬱感籠罩。我真的完完全全能理解那種感覺。雖然我們過著各自不同的人生，但因為同樣的腰間盤突出的症狀，讓我們之間有了共同的話題。我再次深刻了解到，只要和自己有相同處境的人分享自己的心情，就能夠讓自己好過一些。因為我也正在遭受相同的折磨，所以我可以理解你。

我們是自己的星辰

　　我生平第一次有機會和男朋友一起去首爾的高檔餐廳用餐，是因為男朋友的朋友想向他表達感謝，所以送了禮卷給我們。我跟男朋友都是第一次去高檔餐廳，我們搭著電梯坐到41樓的過程中，感覺非常不自在又有點彆扭。但進了餐廳以後，從高處往下看窗外的風景，實在美得讓人不由自主地發出讚嘆。一方面很開心自己竟然能夠和男朋友來到以往只會在偶像劇或是電影中看到的場景，但另一方面內心卻升起這樣的念頭：「我有資格來這種高級的地方嗎？」那時候我手裡只有區區幾百塊而已。因為身處於脫離現實的狀態，總覺得自己非常格格不入。

　　就在我們假裝沒事、假裝一切都很自然，但其實非常機械化地在進食時，窗外的天空漸漸出現了晚

霞，就像是閃著碧藍色光芒的黑色染料渲染了整個城市一般。汽車和建築物的燈光，則像灑在地上的星星一般，照亮了大地。「哇！從高處俯視時，原來首爾的夜景這麼美。」就在我腦中升起這個念頭時，突然覺得身處在這麼美好環境的我，就像一個穿錯衣服、走錯場合的人一樣，不禁覺得有些不自在。和相愛的人一起共享晚餐，應該是一段很幸福的時光，可能是因為我非常清楚地知道自己現在的處境就像仙杜瑞拉一樣，即將被打回現實，所以才覺得不真實。

結束了夢幻般的晚餐時光後，我們要辦一些事情，所以去了補習班聚集地鷺梁津。來往的人，一個個一臉毫無生機，抱著厚重的書本及筆電埋頭往前走。每個人看起來都非常忙碌。我突然轉頭問男友：「他們看起來完全沒有活力，是誰奪走了他們的活力呢？」男友沈默了非常久之後，說道：「就是說啊！是誰呢？」

我好像經由「一日速成班」體驗到某些人的日常生活，以及各種人在生活中不同的樣貌。我每次上首

爾時，走到首爾各個地方，都會有許多不同的感受，在鷺梁津的那瞬間，我的心情彷彿像是成人童話中的夜晚一般沈重。我蜷縮坐在椅子上，看著來來往往的人們，再抬頭看著夜晚的天空，除了最耀眼的那顆星星之外，旁邊還有許多不是這麼閃亮的星星。內心突然覺得，人們都為了成為最耀眼的星星而過著汲汲營營的生活，他們是不是都忘記了，其實自己也是顆閃亮的星辰。其實大家都可以擁有單純的幸福，星星的高度不是由別人幫你決定，而是要由你自己決定的。錯過每個稍縱即逝、大大小小幸福瞬間的你和我，是否都對自己太嚴苛了呢？

人生的矛盾

「雖然我是一條生活在水中的魚，
但是我很討厭被雨水打濕。」

人生就像這句話一樣，
總是充滿著無數的矛盾。

不被傷害的能力

就算人們想要踐踏我或摧殘我，

我也有能力讓自己不受到任何傷害。

就算人們想要撕碎我或無視我，

我還是有能力讓自己不要被擊垮。

我下定決心，不要讓自己因為任何事受傷害。

我會在名為「我」的那張紙上，

將皺摺撫平，再用屬於我的圖案，

在紙上畫出讓自己不被傷害的夢想。

尋找自我的道路

　　我聽說我的文字有能力讓人把討厭的事情變成喜歡的事情，還可以喚起他人的共鳴。一直以來，我想創作出的作品，就是用淺顯易懂的詞語寫出有分量的文字。雖然我試著不讓自己執著於閱覽人數，但我身上還是扛著沈重的生活壓力。雖然我只是想走藝術這條路，但在這條路上我還是需要能養活自己的財力。

　　我不敢很有自信地說自己文筆有多好。因為比我厲害的人實在太多了。不過，單單論喜歡文字與熱愛創作的熱忱，我是絕對不想輸給任何人的。不知道是不是因為這樣，對於旁人隨口說出的話，我有時候的反應會比較敏感。他們根本不懂我的心情，也不懂我是怎麼堅持到現在的。我就像獨自站在隨時會傾斜的長獨木橋上一樣，一個人努力地維持重心。

就在一個接著一個的問句之後，最後迎面而來的問題是：「我到底是誰？我最終的目標是什麼？」原來這是一個尋找自我的過程。應該不只有我是這樣吧！不管是年輕的青春年華，還是輕熟的年紀，應該都是這樣吧！我想大家應該都是一樣的。

遺留之人的思念

冰箱裡最上方那一層，

有一個放了很久的保鮮盒。

當我問爸爸那是什麼的時候，

他回答我：「爸爸的寶貝。」

奶奶親手醃製的大醬是爸爸的最愛，

奶奶過世後，這些她醃製的大醬，

爸爸捨不得吃也捨不得丟掉，

就原封不動地一直珍藏著。

思念自己深愛之人的心情，

不管過了多久都不會褪色，永遠跟最初一樣。

大醬就是奶奶遺留給爸爸的愛意。

想念你的心情，
不管過多久都不會褪色。

沒有媽媽的小孩 — 螺濱的小故事

「因為神沒有辦法照顧到所有的人，所以才創造了媽媽。」我真的非常討厭這句話。

我九歲時，父母離婚後，我和弟弟就跟著爸爸生活。當我第一次生理期來的時候，因為覺得有點害羞，所以過了很久才告訴爸爸。擔心自己看著爸爸的臉會說不出口，所以我是打電話跟爸爸說的，在打電話之前我不知道猶豫了多久，最後才下定決心拿起電話。我帶著緊張又激動的心情開了口，但得到的回答卻非常簡短。「我知道了。」就僅僅是「我知道了」。

書上和電視上都說女孩子第一次生理期來潮是一件值得慶祝的事情。也許我的內心也希望大家可以跟

我一起紀念這件事。但從那之後，我卻開始覺得生理期是一件很羞恥的事情。想請爸爸幫我買衛生棉，但是又開不了口。身為一個沒有媽媽的人，我內心本來就有許多遺憾了，在這種時候，我更是覺得我好需要媽媽。我需要一個關心和照顧我的人。我非常渴望一名值得信任，有任何問題都可以找他幫忙的人。

第一次買內衣的時候也是一樣。這些事情都是知曉我們家情況的同學媽媽，或是爸爸朋友的太太幫忙處理的。在當時年幼的心靈下，我非常厭惡這種情況，也覺得很丟臉。在我長大之後，我每個月都會買一次昂貴又漂亮的內衣送給自己當禮物。算是安慰當時年幼的自己。

早早就和爸爸分開的媽媽，那個時候也才不過二十九歲而已。雖然我試圖去理解當時媽媽拋下我們的心情，但那些曾經的遺憾並不會因此而消失。而那些遺憾在我跟其他人交往，一起描寫未來時，也一直存在於我心中。「就算我以後結婚了，也會跟韓劇、電影或是書上的那些人一樣，永遠都沒有娘家媽媽站

在我這邊。生小孩時沒有媽媽幫我坐月子，也沒有媽媽經常拿泡菜或其他小菜給我。結婚後和先生吵架，回到娘家也沒有媽媽會擁抱我。這些日常生活的小事對我來說原來是如此地困難。」

　　有很長的一段時間我非常想念媽媽。不是離開我的那個媽媽，而是我迫切希望有一個愛我照顧我的媽媽在我身邊。我好希望我的幼年時期是充滿關愛地長大的。有好一陣子，下著梅雨卻沒有帶雨傘的我，整個內心都很扭曲。不依靠任何人，也不接受任何人的好意。那些東西對我來說太過沈重，讓我成為一個明明過得很辛苦，卻又不願意表現出來的人。我總是在埋怨我的生活，但當我振作起來看看周圍，才發現其實跟我一樣的人很多。

　　就是因為這樣，我才討厭「神因為沒有辦法照顧到所有的人，所以才創造了媽媽」這句話。這沒什麼大不了的一句話總是把我惹哭。它總是在我的傷口上撒鹽。我以為自己就算變成一座孤島也沒關係，但我現在卻失去了方向，漫無目的地漂流。

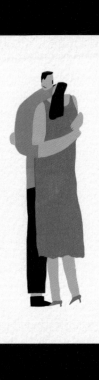

Chapter 3

如果不知道
我們分手的原因

殘留的空缺

原本什麼都沒有的地方，你的出現將它填滿，

你消失之後，它就會形成一個空位。

這就是你曾經存在的證據。

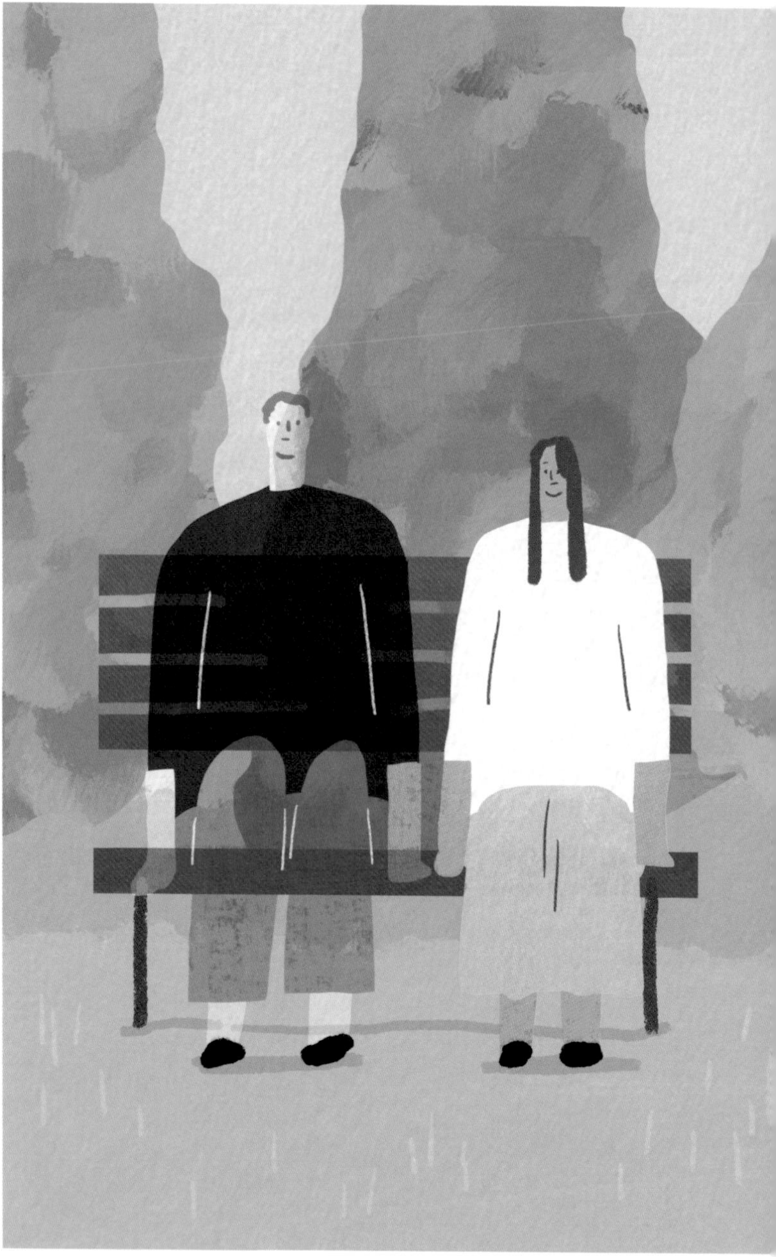

分手訊號

最可怕的一句話，

就是「好，隨便你吧」。

這表示你已不再在意任何事，

是一句漸漸要走向離別的話。

因互補而交往，因差異而分手

只要我肯放下，

這段岌岌可危的關係就可以真正結束。

明明知道無法挽救，卻還是不願意放下的心情，

我稱它為愛情。

明明不是單戀，我卻把自己搞得非常悲慘。

你因為不想要當壞人，所以把主導權丟給我，

我還要假裝不懂你的心思，這該有多麼痛苦。

不知道該怎麼結束，不知道該怎麼停止的我，

是有多麼地戀戀不捨。

那不是愛

　　你明明說過喜歡這樣的我。我們從一開始就是因為互補才互相吸引的。但是這樣的我，現在都變成你眼中的缺點。為什麼你不能再包容原本的我了呢？為什麼你不再愛我原本的樣子，而是試圖想要改變我呢？原來你並不是愛我的全部啊！我可以接受並包容你的一切，但你卻想要糾正這樣的我。我沒有哪裡做錯啊！只是你看待我的角度變得不一樣而已。我們因為互補而互相吸引進而交往，最終卻因為雙方差異太大的理由而分手。

你已丟棄，我卻捨不得丟的東西

冬天大衣口袋裡有著我們一起喝咖啡時的發票，
包包的深處有著我們一起去看的電影票根，
錢包打開其中一面有著已經泛黃的合照。

這些你已經丟棄，我卻捨不得丟的東西。

「這些你已經丟棄，

我卻捨不得丟的東西。」

聽著廣播電台

工作結束後，我拖著疲憊的身軀搭上了計程車。在繁忙的工作下，又度過了一天。天色漸漸灰暗，隔著昏暗的車窗，我放空地看著路上不斷退後的路燈和霓虹燈招牌。平時左耳進右耳出的廣播電台，這天卻清晰地進入我的耳中。

「我煮了晚餐準備和他一起吃。用了上等的好米，而且燜得軟硬適中。整個家中充滿了熱氣騰騰的米飯香。但是他卻說他現在比較喜歡吃麵包。我知道他食量很大，所以我煮了很多飯。但是直到飯都涼了，我都還沒等到他回家。我一個人坐在餐桌前吃飯，但是不管吃多少，飯好像都沒有變少。我突然感到一陣哽咽，眼淚湧上眼眶。這時我才領悟到一件事，我們已經分手了。」

當時分手沒多久的我，盲目地跟著社會的節奏隨波逐流，猶如行屍走肉般整個人正在腐壞中，但這個小故事深入了我的內心。兩眼無神坐在計程車上的我，抽抽噎噎地哭了起來。好不容易被覆蓋的傷痛再度被掀開。在我分手後，沒有一個人真正了解我的內心，但聽著廣播裡的小故事，我得到了共鳴及安慰。

從那之後，我養成了只要搭上計程車就聆聽廣播的習慣。每一次我都很想問問故事中的女主角，你現在過得好嗎？

最可怕的怒氣是沈默

大家都說最可怕的怒氣是沈默。果斷地轉身離開其實不是因為沒有感情，只是我自認盡了最大的努力，對方卻覺得我做這些都是應該的，而不再努力維持這段感情。我也知道自己不管再說什麼，都無法解決這個問題。因此我不再費盡唇舌去說明理由，而是決定斷然離開。

平凡的小事才是最重要的

　　當平凡的小事都被視作理所當然的瞬間，這段關係就會開始產生分歧。任何一種關係都是一樣的。面對越親近的人，越不能夠忽略每個細枝末節。但是大部分的人在生活中常常會忘記這件事情。一起去餐廳吃飯時，把餐具放到我面前和幫我倒水，其實也是一種表達愛意及體貼的行為。你只是不想在意，所以才看不到這一切的，愛情其實可以表現於各個地方。最重要的是，不能把這些看似沒什麼的體貼及感情當成理所當然。對不起、謝謝你、我愛你，這些內心的感受應該都要表現出來。平凡的小事才是最重要的。任何愛情和各種關係都是這樣。當你逐漸將這些視為理所當然時，所有事情就會慢慢變調。

＊

那個知道

越平凡的小事其實越重要的人。

如果不知道我們分手的原因

如果你還在疑惑為什麼會分手的話，

那你就是因為不知道那個原因而被分手的。

忘記應該要好好珍惜，

將對方做的一切看作理所當然的心情，

讓你遮蔽了雙眼，連分手的原因都看不到。

就連親子關係都不是理所當然的，

那世界上還會有什麼交情是理所當然呢？

從最親密的關係
變成最遙遠的關係

　　我們不應該分手的。我在家裡每一個角落，以及我們一起去過的每一個地方，都還可以看見你的身影。因為我的一句好想吃醬燒白帶魚，你就立刻出門買材料回家做菜的背影；為了搶著洗碗而爭論不休的我們；照片中依然幸福的我們。你留下的空缺總是讓我難過地掉眼淚。我們曾經不需要將我愛你說出口，只要互看對方就能理解那份情意。我們從世界上最親密的關係變成了最遙遠的關係。當我聽到你為了避免和我碰面，寧可繞遠路的時候，我突然間迷失了方向。失去一半的我，活得就像是行屍走肉。我放不下對你的愛意，我該怎麼做才好呢？我一點都不知道該怎麼辦。我真的有一天能夠忘掉你嗎？早知道這麼痛苦，我們就不應該分手的。

如果還有愛就不可能發生的事

當你決定分手，
確定要結束這段關係時，
是代表你對另一方，
已經沒有任何愛意才可能發生的事。
如果你仍然保有那麼一點點的愛意，
還有可能這麼果斷地離開嗎？
因為愛情應該是無法控制的啊！

眞實和虛假

被路燈騙了，還以為是月亮呢！

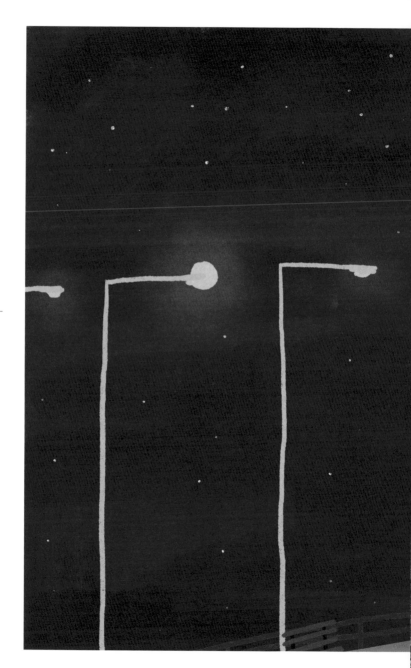

也許我現在還在等你

好像是和他剛分手的時候。為了整理自己的思緒，晚上去公園散步，走在路上，感到陣陣涼風吹來。我坐在公園的椅子上仰望著天空，旁邊帶著小狗出來散步的路人想去便利商店一趟，請我幫他顧一下小狗。我當然爽快地答應了。我抱著小狗等待主人的那段時間，小狗望著主人離開的方向，一刻都坐不住，不斷地想要飛奔過去。

對小狗來說，主人應該是他的唯一，也是他的全世界。曾深陷愛情的我也是如此，那時候，你也是我的全部。不對，也許現在我也還在等你回頭。我知道這很愚蠢，但如果你肯回來，我想我會排除萬難飛奔過去抱著你。

「很冷吧！」小狗的主人遞給我一罐熱熱的咖啡。那份溫暖讓我不自覺地流下眼淚。小狗的主人回來了，為什麼我卻看不見你的身影呢？我們為什麼，一定要分手呢？

單戀

我覺得很好，而你認為不好的那些瞬間和選擇。
這些事物綜合起來，表示我們已看向不同方向。
我看著你的後面，而你卻看著你的前面。

我的愛情，存在於你不想看的地方。
你能理解我這種心情嗎？
大概不理解吧！
我只要站在你的面前就會變得很渺小。

有時候覺得，
到底是怎樣的心境能讓我變得這麼悲慘。
你就像是我追上去想要抓住，
但是卻抓不住的雲朵一樣。

明明非常清楚不能再這樣下去，
卻又無法控制自己的愛意。

你也知道的啊，陷入愛情的時候，
我的心情是我無法隨意控制的。

所以才令人難過。
我憧憬著和你一起攜手走向未來。
和你結婚，和你孕育長得跟我們一樣的孩子，
和你一起過著幸福的生活。

還是很想你，還是很眷戀。
隨著時間流逝還是無法忘記你，
這更令人覺得難受。
我和你現在已經不再保有同樣的心情，
這個現實讓我感到非常痛苦。

如果我是你的話，
應該會選擇繼續愛著我的。

「你也知道的啊，陷入愛情的時候，
　我的心情是我無法隨意控制的。」

書信的分量

收信的人應該不要知道一張薄薄的信紙，承載了多麼深厚的心意。寄信的人要不著痕跡地將這滿滿的心意傳遞出去。讓對方在乾爽的信紙變潮濕前，都無法了解自己的心意。

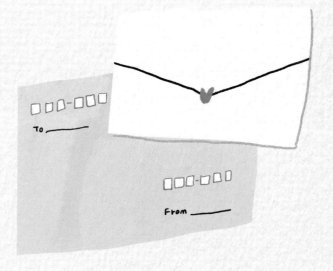

離別的時機

　　兩人之間的關係，有時候光靠雙方的愛意是無法維持的。愛意往往會在艱難的環境中，隨著歲月流逝而被深深掩埋，就像在尚未乾透的墨水上澆水，讓它渲染開一般，每件事物都有屬於它的時機。

在身邊的時候珍惜一點

忘記珍惜的代價，

最終就是失去了你。

果然世界上沒有一件事，

是理所當然的。

給放棄夢想和愛情的你

要受過多少傷痛，

才會使原本喜歡的東西變得很討厭呢？

這也是一件不容易的事啊！

就算變得不太喜歡，也無法真心討厭的心情，

是不是就像一直搔著明明不癢的地方，

因而產生的傷口及疼痛感呢？

它的內部是不是都已經腐爛了？

兩人的關係也需要修剪

就像樹木需要修剪一樣，我們在生活中，

一定也會遇到需要自己剪斷一段關係的時候。

那絕對不是一件錯誤的決定。

我只是為了自己斬斷一段生鏽又變質的關係。

如果希望自己的樹能開滿花、長滿果實的話，

在關鍵時刻來臨時，就必須讓自己堅定不移。

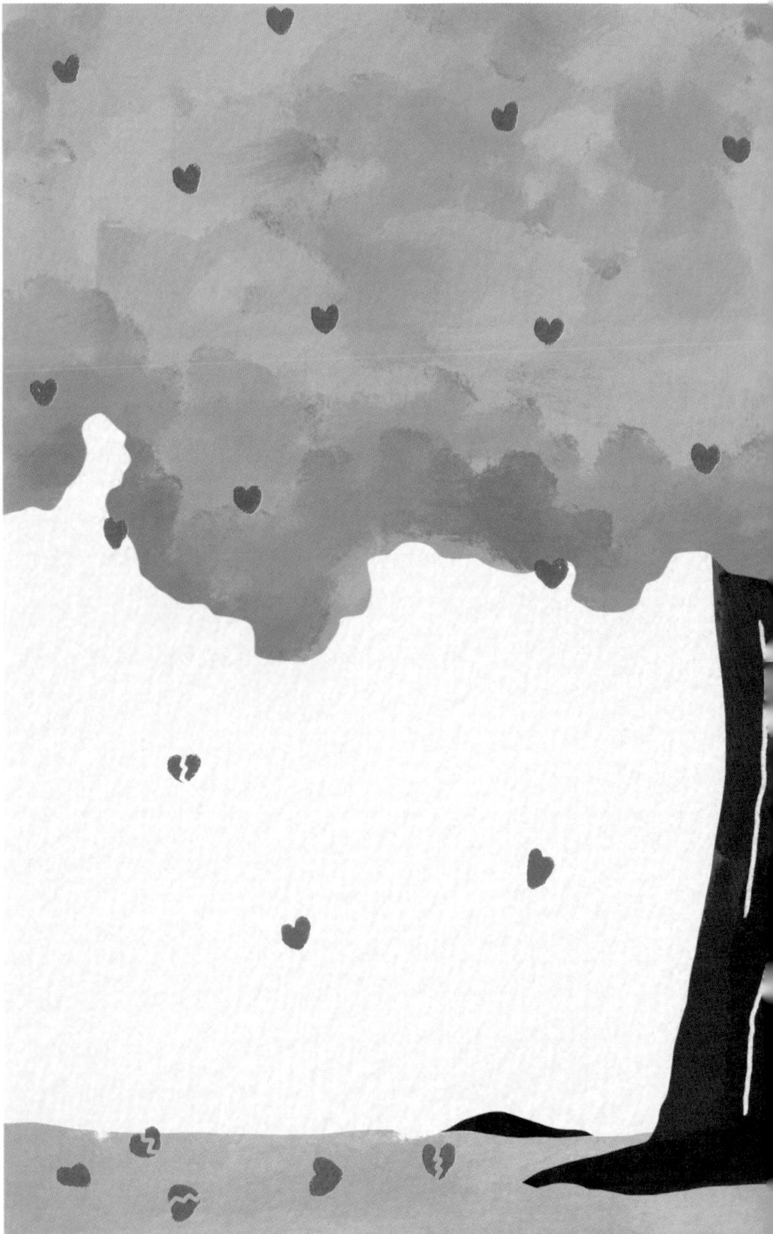

相遇和離別的循環

果實很想念樹木。

因為它撇下樹上滿滿的果實自己掉落下來。

雖然說生活就是相遇和離別的循環，

但理所當然還是會留下思念。

在那瞬間，我們以愛情之名成熟了。

＊
＊

思念去了哪裡？

思念就是思念啊！

回憶

回憶就像堆積在衣櫥角落的衣服一樣。

沒有可以穿的，也沒有可以丟的。

領悟的代價

　　我們在生活中，通常都要失去自己所擁有的東西時，才會有深刻的領悟。人們大多都要等到失去以後，才會發現自己有多麼悔不當初，才會發現這一切都太遲了，沒有辦法再挽回了。最完美的情況就是，我們在美好的生活中，就體會到這些事物，但人生總是無法這麼平穩順遂，所以大部分的情況是要在自己失去某些曾經擁有的東西時，才會有深刻的領悟。生命不斷延續，領悟也沒有盡頭，我到底還要失去多少我所珍惜的東西呢？如果領悟的代價是要失去我所珍惜的東西，那我真心希望我不要領悟。我實在不想再失去任何東西了。

繞再遠的路也要送到的心意

　　在夜晚的海邊，我們依然可以看到四處濺起的白色浪花。到底有多少人，遺留下了多少東西，讓大海需要這樣連綿不斷地打出海浪呢？是因為大海想要帶走白天湧上來的潮水嗎？大海是想傳達這些訊息，才無休止地製造海浪的嗎？退去的潮水，將你遺留下的心情送到大海的另一端，這是大海在告訴你，就算繞再遠的路，也會把你的心意傳送給那個人嗎？從大海那裡接到海浪訊息的你和我，又是什麼樣的心情呢？

再次期待愛情

「我再也沒有自信能夠跟其他人約會，也沒有信心能夠再愛上任何人了。」

這句話是在我厭倦了對他人付出自己的感情，年紀邁向20歲後段時曾經說過的話。雖然每個人在談過幾段失敗感情後，總是會感到身心疲憊，但回想曾經離開我的那些緣分，我真的為了他們掉過無數眼淚。

愛情不分年齡。不管是多青澀的年紀，都可能經歷過瘋狂地愛上一個人，但又因為那段愛情而痛徹心扉的感覺。就算被批評這個年紀懂什麼愛情，但我還是會為了我的愛情感到苦惱。

如果每個人的感受都和我一樣該有多好？為了達

到這個目標，就算我的年紀漸趨成熟，每天試著去理解自己和他人的心境，仍然是生活中最重要的課題。許多緣分與我擦身而過，當我深信會與我攜手永遠走下去的那個人離開我的時候，我也曾經下定決心不再去愛任何一個人，不再對任何關係感到流連忘返。

儘管如此，愛情還是會突然降臨到我身邊，就像夕陽餘暉渲染至整個天空一般，愛情也會再度渲染我。讓我再度懷抱希望，相信自己會遇到對的人。再次期待愛情的我，儘管仍然稚嫩，但其實我非常了解自己。當愛情來臨時，我還是會用盡全力去愛對方，也會渴望自己被疼愛。

＊

再度期待愛情的我，

就算仍然稚嫩，

卻還是懷抱著希望，

總有一天我會遇到對的人。

你覺得愛情是什麼？

曾經有人問過我，你覺得愛情是什麼？我覺得愛情沒辦法用三言兩語來定義，所以我說了一個非常長的故事。

那是一個春天，我和他第一次一起去旅遊。我們約好了出發的時間地點，但偏偏那天家中發生了一些緊急事件，所以我遲到了兩個小時。我們碰面後，他就對著拚命道歉的我說沒關係，真的不用道歉。他應該等了我非常久，但他反而安慰充滿愧疚的我。

他很有心地先安排好遊玩的行程，我們去逛了很多優美的景點，也玩得非常開心。我們吃了好吃的餐廳，也去了氣氛很好的咖啡廳。接下來要去我事先找好的櫻花公園，但是我不小心走錯路，因此我們變成

在登山。原本期待可以看到櫻花盛開的風景，結果卻什麼都沒有看到。更悲慘的是我為了在他面前展現自己最美好的一面，穿了一雙新的高跟鞋，因為鞋子不合腳，我痛得簡直沒辦法好好走路。他準備的約會行程這麼完美，最後卻被我搞砸，我覺得既難過又愧疚。

到了傍晚我們搭了計程車要去住宿的地方，結果這次我訂的住宿是在離這個地區非常遠的郊外。好不容易到了以後發現，住宿處附近的餐廳都早早關門了，原本計畫要去的餐廳距離太遠，外加上我們剛剛的計程車費又已經超出預算範圍。我開始覺得，都是因為自己一而再再而三的失誤，才讓這段旅程變成一段糟糕的回憶。我和他第一次的旅遊，我想要安排得很完美，但結果卻不如預期，因此我陷入了深深地自責中。

但是他完全沒有生氣，一整天下來沒有任何抱怨。他真心的說沒關係，然後把我擁入懷中。他緊緊抱著我說，這沒有什麼好生氣的，你現在這麼傷心反

而讓我更心痛，我又愧疚又很感謝他的包容，最後忍不住哭了起來。

　　和他說了很久的話，洗完澡之後，那個從來沒有幫女生吹過頭髮的人，明明自己也很疲倦了，但還是花了一個小時幫我吹乾我的長髮。準備睡覺時，一整天的疲勞累積下來，我臉上敷著面膜，躺著躺著就睡著了。不知道過了多久，我感覺到他幫我撕下臉上的面膜。在睡眠中我仍然能感覺到他輕柔的動作。那時我在半夢半醒之間突然領悟一件事。

　　「原來這就是愛情。」

　　一整天下來，他不但沒有生氣，沒有不耐煩，甚至沒有擺過一次臉色，反而抱著充滿愧疚的我，我看著這樣的他突然懂得什麼是愛情。當你一直被疼愛的時候，是抽不出時間去懷疑這段愛情的。而我現在正被他疼愛著。託他的福我領悟到了什麼是愛情。「原來這就是愛情！這不是一段糟糕的回憶，而是最幸福的一趟旅程。」

Chapter 4

我們注定需要愛情

我對你來說是什麼樣的存在呢？

我對你來說是什麼樣的存在呢？

我覺得你對我來說，

是像奇蹟一般降臨在我身邊，

是我人生中的春天。

我想遇到這樣的人

我想遇到這樣的人。

會把每件小事看得很重要的人，

不會把愛情及體貼當成理所當然的人，

不說謊的人，

等待的時間很短，交往的時間很長的人，

這樣的條件雖然處處可見，

但我希望他同時是個懂得珍惜的人。

等待的時間很短，
交往的時間很長，
我的理想型。

深深的心意

那天不是什麼特別的節日，
你卻突然遞給我一束，
我最喜歡的紫色星辰花，並開口對我說：

「這種花的花語是不變的愛，我愛妳。」

那天不是生日也不是什麼紀念日，
你施了魔法將平凡的一天變成特別的一天。
雖然只是短短一句話，但承載你滿滿的心意，
讓我開心地笑了。

statice

我會一直在你身邊

　　無止盡地叫著你的名字，沒有說任何話，只是一直呼喚著你。你卻沒有顯露任何不耐煩，而是一直回應我，最後加了一句話：

　　「我哪裡都不去，我會一直在這裡。」

　　聽到這句話，我一直以來強忍的淚水，就像是關不了的水龍頭一樣，不斷地流下來。啊，你到底是誰？你是從哪裡來的，怎麼能夠看透我的內心，說出那樣的話？

　　愛情大概就是這樣吧！在深愛的人面前，就算想要掩飾自己的悲傷，也總是藏不住。你從來不會說什麼好聽的話，也不會試著安慰一直在哭的我。你就只是，默默地陪伴在我身邊。

在你面前，
我可以做真正的自己。

就讓我握著

　　年輕的時候，我只要感受到一點點壓力就會自殘。因此我的左手手腕上，遺留下許多醜陋的疤痕。對我來説，這是一段既悲傷又羞恥的回憶，所以我在其他人面前會習慣性地遮住左手手腕。

　　有一天他抓著我的左手手腕。當時我內心瞬間覺得糟糕了，所以用力抽回我的手，並大喊：「不要碰我！」他只淡淡地説了一句話：「就讓我握著吧！」他靜靜地看著我的手腕，輕柔地撫摸著，然後開口説：「對我來説，它跟一般肌膚沒有兩樣。」

　　他對我的傷疤沒有任何偏見。在他面前我不是一個有傷痛或是一個不完美的人，我就只是我而已。你都不知道我有多謝謝你的那句話，謝謝你看著我與他

人的不同之處，卻還是對我說其實都一樣。你大概永遠都不會知道我有多感謝你吧！

儘管如此

我想要被愛。

就算旁人認為我是一只破碎的碗，

接受再多的關愛也裝不滿，

儘管如此，我還是想要被愛。

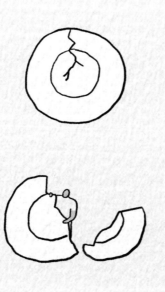

感受到你呼吸的距離

我喜歡鼻子碰鼻子互相摩擦的感覺。

在可以感受到彼此呼吸的距離下，

這是我用來向你表示你有多令我喜愛的動作。

我每次碰觸到你被寒風凍得冰涼涼的鼻子時，

我們互相凝視著對方，感受彼此的溫度，

總是讓我會心一笑。

唯一的浪漫

人們喜歡鮮花和書信，

是因為它是唯一流傳下來的古典美浪漫。

它能夠將人們的真心完整地傳達下去。

不可以分手喔

　　我們千萬不可以分手喔。就算吵到再也不想見到對方，連睡覺都轉過身背著對方睡，我們還是要蓋著同一條被子。就算爭執的時候，脫口而出傷害對方的話，也要能夠替對方著想，想著對方現在的心情一定比我更煎熬。我們要像現在這樣，一直愛著對方。我們站在自己的角度，努力地扮演好自己的角色，永遠不放棄，一直一起走下去吧！疲累的時候可以傾訴，幸福的時候可以分享。我們互相成為能讓對方第一時間向自己傾訴任何事情的人吧！我永遠站在你這邊。我們約定要長長久久、永永遠遠地走下去。就算大家都說沒有永遠的愛情，但就如同我們奇蹟般地相遇並相愛，我們再給大家看一次奇蹟吧！我們絕不放開互相牽著的手，要一起走下去。就算偶爾會厭惡對方，但在一起的時間通常是幸福的，不是嗎？所以說，我們兩個千萬不可以分手喔。

所以説，
我們兩個千萬
不可以分手喔。

軟軟嫩嫩

我很喜歡摸我另一半的臉頰。

它明明不是年糕，也不是棉花糖，

不知道怎麼會這麼細緻，又如此軟軟嫩嫩。

我每次撫摸你的臉頰，

總是會笑著又對你說出一樣的話。

你的臉頰是軟軟嫩嫩又令我愛不釋手的寶貝。

給總要確認愛情的你

我們，就如刺蝟般，為了不讓自己再次受到別人傷害，在受到傷害之前就會反射性地豎起尖刺。由於害怕自己受傷，因此絕不會許下做不到的承諾，或是說些華而不實的話。雖然這會讓內心比較沒有負擔，但另一方面卻也讓人容易感到孤單。擔心被丟下、擔心幸福消失，忐忑不安的心情就如蘆葦般隨風起舞。

每當這種時候，我就想要用盡全力，並且用最堅定的話語灌滿你那清澈的湖水。但，你會知道嗎？你會知道我是如此希望那些堅定的話語，能倒灌你的湖水嗎？我就是如此愛你。我一直都想要告訴你。但，你會知道嗎？希望你別再感到不安了，我對你的愛是如此堅定不移。我一直想要讓你知道，我這份堅定。

※

你會知道嗎？

希望你別再感到不安了。

我對你的愛是如此堅定不移，

如此確信。

愛情就是這樣

當我發生了無法對你解釋清楚，

但又很棘手的事情時，

或許我會對著你說，請你離開我。

但很自私的是，如果是你發生了什麼事情，

無論如何，我都會想辦法陪在你身邊。

愛情就是這樣。

我自己無所謂，但我討厭看見你身處煎熬中。

不，應該是說我討厭那個讓你煎熬的自己。

因為我愛你。

注意用詞

　　對戀人説話時，注意用詞是非常重要的事情。我們要謹記一件事，每個詞彙間些微的差距以及説話聲音的大小，都可能讓自己的意思被曲解。如果想要傳達自己的真心，不讓自己的意思被扭曲，就要注意用詞、修飾句子，努力完整地表達自己的心意。就像是第一次約會時，會從頭到腳精心打扮，會站在鏡子前挑選衣服一樣，你説的話也是需要修飾的。

你就是奇蹟

我們總是在充滿變數的環境下過活，

我經歷了無數的變數，遇見了你並與你相愛。

如果這還不是奇蹟的話，這一切就太不合理了。

變數和變數相遇時產生的另一個變數，

就是奇蹟。

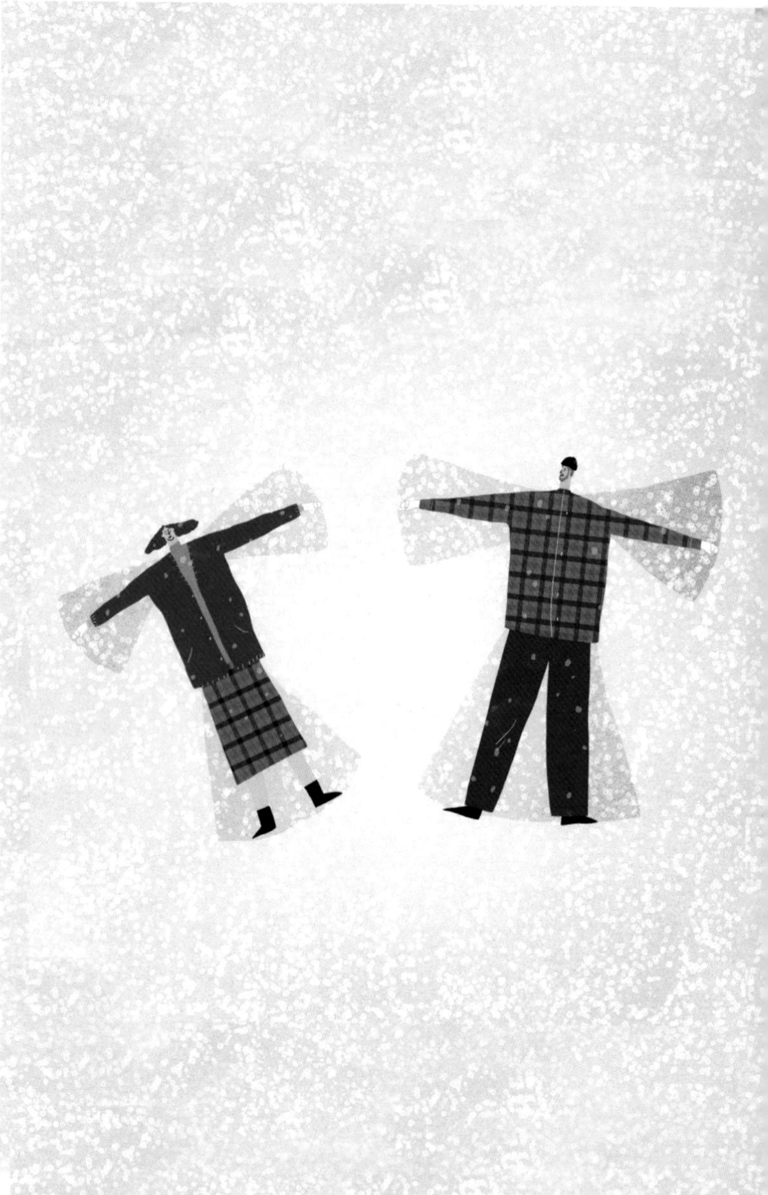

第一次有這種愛意

我希望我愛的人可以不要遇到太多棘手的事情。
雖然看起來有點愚蠢，但我曾經對著神祈禱：

「我可以把自己剩餘的幸福都給他，
請求你讓這個人的生活可以過得順順遂遂。」

173

我是第一次有這種愛意，
我滿心只想要為你做些什麼。
看著嘆完氣後勉強對我擠出笑臉的你，
我除了緊緊抱著你說一切都會好轉的，
其他什麼都做不了，
我真的覺得很抱歉，對不起，我愛你。

想到處炫耀

我戀愛的時候就會想要到處炫耀。
我想告訴全世界，
我從這個人身上得到了滿滿的愛。
我，真的非常幸福。
遇到一個很好的人，
獲得一份非常適合我的愛情。

「遇到一個很好的人，

獲得一份非常適合我的愛情。」

特別的約會

有一種在戀人之間常見的約會形式。那就是「探訪對方過去的足跡」。我非常喜歡這個約會模式。一起去站在對方小時候念過的學校操場中間，在學校前面的雜貨店買零嘴吃，去對方曾經居住的地區散步或是騎腳踏車轉轉。這時就會發現很多事物看起來都比以前渺小。回想著還殘留腦海的事物以及已經漸漸消逝的事物，處在尋找過去記憶的時間中，我的心情突然變得很奇妙，還有些熱淚盈眶。我們互相告訴對方「這就是我小時候的生活」並與對方一起探索過往的痕跡。想像著我還不在你身邊時，原來你是這樣生活的，忍不住又覺得很可愛，內心升起一陣陣笑意。我們分享了還不認識彼此前的時光，這讓我們之間變得更加親近了。我們之間的回憶，也一點一滴地增加。

當你叫喚我的時候

當兩人的關係漸漸變得親近時，就要趕快決定雙方的暱稱。「欸、喂、嘿」這些用詞絕對不能當作暱稱。這些都是不尊重對方的稱呼。尤其是吵架的時候，這些話聽起來就像是故意要讓對方更難受的話。想要被愛，就要記得做一些令人喜愛的行為。當你改掉平時覺得不重要的暱稱後，你會發現你們的關係變得更親密。對心愛的人說「欸、喂」，這像話嗎？至於「孩子的爸、孩子的媽」也只是呼喚對方的名稱，不能當作暱稱。如果真心愛著對方，就應該叫對方的名字或是暱稱，這樣才能讓你們的關係越來越緊密。

不需要任何話

　　請你緊緊地抱著我。不需要小心翼翼地擔心會不
會弄傷我。此時此刻，就算弄傷我也沒關係，請你連
我的一根頭髮都不要放過，不留餘力地緊緊抱著我。
讓我不能呼吸也無所謂。我好想這樣抱著你並感受著
你。現在無法立刻去見你，我好想念你。我現在才
知道這是多悲傷的話。我好想你。請你對著我說你愛
我。為了讓我重新充滿力量，請你對著我說你愛我。

179

逃離吧

「如果我説我們逃離這裡吧，你會願意跟我一起
走嗎？」

面對我突如其來的問題，他陷入沈思中，久久沒
有回應。過了許久他才突然開口：「如果是跟你一起
的話，我可以認真地考慮一下。」聽了他的回答，我
説道：「我之前跟你説想要去看海，你不是説我們現
在立刻出發吧！其實那時候我就是想要跟你説我們
逃離這裡吧！」聽了我的話，他又陷入了長時間的沈
思，接著開口説：「下個月我們找個近一點的地方去
旅行吧！」在我聽來，這句話的涵義是「不論何時，
只要你開口，我都會跟你一起走。因為我愛妳」。

在我面前，他總是放下他所有防備，坦誠地面對

我。那麼我也應該要擺脫我的包袱，赤裸裸的面對他。我們不帶有任何偽裝，用最原始的面貌去對待對方。不管是我的傷痛，或是你的傷痕，都不影響我們之間的關係。即使是看不見的傷口，我們都會互相小心謹慎地對待，因為我對他充滿感激，所以開口對他說：

「不管什麼時候，只要你說想要逃離這裡，我都會牽著你的手一起離開。我會永遠陪在你的身邊，因為我愛你。」

描繪星星的人

　　你應該是個不分畫夜，一直在描繪星星的人吧！你畫出的星辰，當夜色褪去黎明破曉時，就會暫時消失；但有時候畫得太漂亮了，使得它們在白天也能綻放光芒。你不應該畫得那麼漂亮，這樣這些星辰就不會如此閃耀了。

　　有時候我會以為你是太陽，但握住你冰冷的手心時，我終於明白了。你是因為在漆黑的夜晚描繪著星星，手心才會如此冰涼。有時候，我在晚間爬到高處，就會看見天空上有你描繪的星辰，而地面上有你撒下的滿地星星，它們正閃爍著光芒。在那瞬間，我總是被眼前的美景感動地想要掉淚。

　　如果有一天，屬於我的星星褪色了，我會想要緊

緊抓住，你用來幫我補色的那雙手，並將我的溫度分給你。你會知道嗎？比起你筆下數不清的星辰，我覺得當你將星星遞給我時的眼神，比那些星星更閃亮。人們會知道嗎？你描繪星星的那雙手是如此冰冷。

九和十之間

　　九是神的數字，也是最接近完整數字十的不完整數字，因此九代表著不完整。所以我常希望我們的不完整到今天就夠了。但是，在未來的日子中，我們仍然會一直遇到不完整的九，並且需要不斷戰勝各種難題。我們的生活不可能總是都順順利利。但至少我們還是可以在一起。我們無法只過著幸福的生活。但是我們可以盡量讓結局是幸福的，我會讓你成為世界上接收到最多疼愛的人。

＊
＊

「我們的生活不可能總是都順順利利。

但至少我們還是可以在一起。」

我們一起熬夜的時光

　　我們一起熬夜的時光，他通常都待在樓下安靜的寫作。因為他總是想畫出全世界人們內心的星辰。那時，我就會在樓上安靜的放著音樂。依照當時的心情放著不同的音樂，在屬於我們的空間裡，我們扮演著DJ，也成為對方的繆斯。我和他一起聽著輕柔的音樂。邊聽著音樂邊哼著旋律，再互相穿插著幾句我愛你。我們一起熬的夜晚就是如此的特別。

永恆

認為沒有永恆的那些人們，

是不是因為，他們盼望著，

能跟自己永遠走下去的人已經消失了呢？

儘管如此，我仍然，

衷心地相信這個世界上有永恆。

雖然張開眼也看不到，

伸出手也觸摸不到，

但我還是如此堅信我們的愛情。

半顆橘子的愛

只是一起吃一顆橘子，

也能領悟到其中蘊含的情意。

剝橘子的時候，

總是毫不猶豫將比較大的那一半塞到你口中。

如果這不是愛，那什麼才是愛。

遇見愛情的瞬間

連我自己都不記得自己說過的話，你卻深深地烙印在心上，時時刻刻提醒你自己。為了心情鬱悶的我，你收拾行李說，我們去旅行吧。你會跟我一起刻劃我們即將面對的未來。明明知道你很忙碌，但總是為了我的一句話，改變了你許多計畫。每當這時候我就會從你身上看到我爸爸的影子。因為我隨口一句話，就幫我買橘子或是幫我烙餅的爸爸。因為我知道我們說好的約定，這當中蘊含的所有東西都是你疼愛我的心情。我突然無法壓抑心中升起的那份感動。

越相愛越相似的原因

　　和戀人聊到過去的愛情史時，再度覺得他是一位很了不起的人。就算他提到過去不太好的戀情，他也都很有禮貌的稱呼對方為「那位朋友」。而且他從不口出惡言，對過去的戀情總是惜字如金。因為曾經相愛過，就算分手了也會保有基本的禮貌，看到他這麼正直的樣子，我變得更喜歡他了。

　　我也想成為像他那樣的人，所以開始模仿他的作為。越相愛越相似這句話，我在想是不是因為你太喜歡戀人的樣子，希望自己跟他越來越相似，不斷地模仿對方才會越來越像呢？我想和他越來越像。我希望在我身上可以看到更多他做人處事的方式。我也很喜歡漸漸在改變的自己。

越相愛越相似這句話，

好像是真的。

相愛是兩個人的事

　　我們兩個都沒有結婚的念頭。我們剛交往的時候，兩個人都處於對愛情感到很疲憊的狀態，因此我們都希望這段戀情可以維持長長久久。現在，只要和他在一起，我就會自然而然地刻劃我們的未來。就算一輩子都這樣過也覺得很不錯。也許會有人對著我們說三道四，認為我們只是在逃避責任。或許當我們心情不好時，聽到這些攻擊性字眼，會讓我們內心產生動搖，但只要我們有堅定的心意及充分的信任感，我相信我們一定能度過這些難關。我們都不想要再次揭開雙方隱藏起來的黑暗面及傷痛。我們兩個會互相尊重與溝通。在未來的日子裡，我們也會維持良好溝通，一起攜手向前走的。愛情是兩個人的事，和外人一點關係都沒有。

他曾經說過想要和我一起度過接下來的四季。這句話在我聽來是這個意思：「我無法想像沒有你的明天。在我安排我的未來時，你總是在我的未來裡。所以你要一直跟我走下去。我無時無刻都想要和你在一起。」不善言辭的他，努力將他的心意一字一句用言語表達的樣子，在我眼裡看來，是多麼地讓人心動。

我們就好像在尋找寶物一樣，這是一個尋寶遊戲。我是尋寶人，要找出他藏起來的寶物。他的身上藏著許多好東西，展現愛意、愛情、幸福等等。他可以將任何無意間經過我們身邊的事物變得非常特別。有時候我們會交換尋寶人的身分，互相將寶物藏起來，再互相去尋找。我很喜歡和他一起度過平凡又特別的生活。就算我們不結婚，不用那一張紙將我們綁在一起，我們仍然可以像現在一樣，自由自在地相愛。也許時間久了，有一天我們可能會改變，但我現在不想去想那些事。我只盼望，我們的關係、我們的愛情，能夠像現在一樣，永遠延續下去。

給你適合你的愛

　　魚要在深水中游水，鳥要在寬廣的天空中飛翔。人也是一樣。身為人類，就應該要去愛人與被愛。

　　就算曾經怨恨得要死，曾經忍受離別的痛苦，我們最終還是需要愛情。就算被各式各樣的傷痛淹沒，對所有事情都感到警惕和懷疑，最後我們還是會被另一個人治癒。但反過來說就是，我們的傷痛也是因為某個人引起的。

　　人類雖然脆弱，但也很堅強。就算可能會受到傷害，就算高喊著只看眼前，我們仍然會向著明天，奔向愛情。我們終究還是需要愛情。

「我們終究

還是需要愛情。」

後記

　　為了完成這本書，我回顧了過去的生活，有些日子非常刻骨銘心讓人思念，有些日子則是讓人痛心疾首。邊寫作邊回顧生活，讓我產生了嚴重的後遺症，有的時候我會連續好幾天，一個字都寫不出來。可能是我都以自身經驗及故事為背景下筆，所以更容易產生這些後遺症。也許，這些文章只是我想告訴那些相信我、支持我，以及我愛的每個人，我心裡對他們的感情，因而寫下的一封長信。因為我認為，這樣做可能可以讓世界變得更美好。

　　在我檢視我的初稿時，我發現如果要描述自己是個怎樣的作家，我會想稱呼自己為挖掘幸福與不幸福的人。總是很矛盾的我，總是會被許多微小的事物感染，讓自己一會哭、一會笑，並在這過程中繼續籌備

著下一本作品。這本書裝載了許多不幸福的故事，下一本書中，我預計要寫下這次來不及完成的故事，以及更多幸福的點點滴滴。我想要對大家說的話太多了，但一次寫不完，總是寫下太多題外話。我甚至還會幻想著，藝人在頒獎典禮上致詞的時候，是不是跟我現在的心情一樣呢？為了整理自己的思緒，就算只是近郊，我也打算出門旅行一趟，去尋找、也順便去留下更多故事。

在我完成這本書之前，我接受到許多人給我的慰問、勇氣以及愛護。包含從我在IG上正式開始發布文字之後，就經常給予默默無聞的我許多力量的所有讀者們。我常常會想，自己何德何能讓你們給予我這麼多美好的評價，總是讓我感動得又哭又笑。雖然我們從來沒見過面，但是這些人對我來說，是最珍貴的禮物。我們之間的關係是互相分享各自的煩惱，互相給對方勇氣，再互相安慰對方。許多讀者們都會私訊我或留言給我，內容是安慰著年幼時期的自己和我，並表示這是他們第一次留言。看到這些留言我領悟了很多事，也學習到了很多事。有一位和我很熟的作家

曾經說過：「作者和讀者的關係其實就是在互相安慰。」我覺得他說的太有道理了。因為有他們，所以會讓我更想寫出許多作品。

　　有一位讀者曾經留下這樣的話：「作者你一定不會知道，這些簡短的文字，讓我的內心感受到多大的慰藉。那個感覺就像這些文字是你趁我不注意的時候觀察我，只為我一個人寫下的文字一樣。我無法用言語形容我在這裡受到多大的慰藉。」我想只要有人能從我的文字中獲得慰藉，就算只有一個人，我也會繼續地創作下去。曾經困於貧瘠沙漠中的我，你們的支持和安慰，對我來說就像甘霖、像綠洲，甚至可以集結成一片海洋。我的生活曾經就像獨自住在茫茫原野上，但現在這片原野也開始出現其他生命以及樹木。

　　我希望有一天能夠和讀者們一起聚會，大家一起喝一杯，一起度過有笑有淚的時光。只要你有需要，你可以抱著我宣洩自己的情緒，我會用盡全力緊緊抱著你。只是想要找我哭訴也可以，我會在旁邊陪你一起哭。這不是虛情假意，我想一個一個握住你們的

手，對你們說：「謝謝你，我也愛你。」

最後我想對我親愛的朋友們說，如果沒有你們，我是無法完成這本書的。謝謝你們不斷鼓勵那個總是被憂鬱淹沒的我。我們過陣子一起去海邊走走。去海邊盡情地喝酒，再把煩惱全部丟在那裡吧！

還有我親愛的家人以及我的爸爸，如果有一天爸爸能夠理解我這本書的內容，是不是就會原諒我了呢？就算不能原諒我也沒關係，我現在還是很想聽到爸爸對我說：「一起喝一杯吧！」

我最愛的那個人，謝謝你在我絞盡腦汁寫這本書的期間一直守護著我。我似乎沒有為你做過什麼，這讓我常常對你感到很抱歉。為了彌補這份愧疚感，我會努力地讓自己成為一個更好的人。我想對你說：「謝謝你、對不起、我愛你。你就是我的羅曼史。」

高寶書版集團
gobooks.com.tw

新視野New Window 227
已經在家了，但還是好想回家
真羨慕蝸牛，因為牠的家好近
집에 있는데도 집에 가고 싶어: 달팽이는 좋겠다 집이 가까워서

作　　者	權螺濱（권라빈）文；金希定（정오）圖
譯　　者	翟云禾
責任編輯	林子鈺
封面設計	林政嘉
排　　版	賴姵均
企　　劃	何嘉雯

發 行 人	朱凱蕾
出　　版	英屬維京群島商高寶國際有限公司台灣分公司
	Global Group Holdings, Ltd.
地　　址	台北市內湖區洲子街88號3樓
網　　址	gobooks.com.tw
電　　話	(02) 27992788
電　　郵	readers@gobooks.com.tw（讀者服務部）
	pr@gobooks.com.tw（公關諮詢部）
傳　　真	出版部　(02) 27990909　行銷部 (02) 27993088
郵政劃撥	19394552
戶　　名	英屬維京群島商高寶國際有限公司台灣分公司
發　　行	英屬維京群島商高寶國際有限公司台灣分公司
初版日期	2021年07月

집에 있는데도 집에 가고 싶어: 달팽이는 좋겠다 집이 가까워서
Copyright ©2020 by Kwon Rabin
Illustrated by Sally Kim
Published by arrangement with BY4M
All rights reserved
Taiwan mandarin translation copyright ©2021 by GLOBAL GROUP HOLDING LTD.
Taiwan mandarin translation rights arranged with BY4M
through M.J. Agency.

國家圖書館出版品預行編目（CIP）資料

已經在家了，但還是好想回家：真羨慕蝸牛，因為牠的家好近/權
螺濱著；金希定繪；翟云禾譯. -- 初版. -- 臺北市：英屬維京群島
商高寶國際有限公司臺灣分公司, 2021.07
　　面；　公分. -- (新視野 227)

譯自：집에 있는데도 집에 가고 싶어：달팽이는 좋겠다 집
이 가까워서

ISBN 978-986-506-167-8 (平裝)

1.生活指導　2.自我實現

177.2　　　　　　　　　　　　　　　　　110009428